LE

DOCTEUR MOLIÈRE

DU MÊME AUTEUR

LA FEMME DE VINGT-CINQ ANS.
LES PATRICIENNES DE L'AMOUR.
MADAME ET MADEMOISELLE.
LA VENGEANCE DE MADAME MAUBREL.

LES JUGEMENTS NOUVEAUX.
LES REPRÉSAILLES DU SENS COMMUN.
LA RÉPUBLIQUE ROSE.

POISSY. — TYP. S. LEJAY ET CIE

LE DOCTEUR
MOLIÈRE

COMÉDIE EN UN ACTE, EN VERS

PAR

XAVIER AUBRYET

Représentée pour la première fois, sur le théâtre national de l'Odéon, le 7 avril 1873.

PARIS
E. DENTU, LIBRAIRE-ÉDITEUR
PALAIS-ROYAL, 17 ET 19, GALERIE D'ORLÉANS

1873

PERSONNAGES

MOLIÈRE...........................	MM.	POREL.
ASCAGNE, riche bourgeois de Paris..		NOEL MARTIN.
VALÈRE, son neveu................		BAILLET.
LUBIN............................		ERNEST.
LUCILE, pupille d'Ascagne...........	Mlles	FASSY.
TOINETTE.........................		CHÉRON.

PERSONNAGES MUETS.

La scène se passe à Paris chez Ascagne.

(1672)

LE
DOCTEUR MOLIÈRE

Le théâtre représente un grand salon, orné de plusieurs lustres, portes latérales, porte au fond entre deux fenêtres; le long du mur, sur une colonne, un buste de Molière couronné de lauriers.

SCÈNE PREMIÈRE

LUBIN, TOINETTE, s'approchant du buste.

TOINETTE.

Dis donc, Lubin, de quand cette couronne est-elle?

LUBIN.

De lundi, tout au plus.

TOINETTE.

Bien, qu'on la renouvelle.
Mon maître dirait qu'elle a duré trop longtemps,
Et que Molière a droit au salut du printemps.

(Lubin sort et rentre quelques instants après avec une couronne fraîche.)

Ascagne a tellement le culte du génie,
Qu'il pourrait m'en vouloir d'une feuille jaunie.
Il devrait bien aussi, puisqu'il est si dévot,
Savoir pour mes habits fêter le renouveau.
Non, je ne vis jamais un pareil fanatique.
Molière en ce logis est un Dieu domestique,
Ce marbre-là, planté vraiment pour reverdir
Devient presque un autel qu'il faut entretenir.
S'il choyait aussi bien ses gens et sa famille!...
Où sont nos deux amants? Là-bas, sous la charmille,
Se retrouvant enfin et craignant d'être pris;
S'il les voyait ensemble il ferait de beaux cris.
Je les connus petits et soignai leur enfance.
Allez, roucoulez bien, tourtereaux sans défense,
Brûlez comme la cire un jour de Chandeleur,
Vous ignorez qui vous attend... c'est l'oiseleur!

SCÈNE II

VALÈRE, LUCILE, TOINETTE.

(Toinette va et vient dans le salon en rangeant.)

VALÈRE, prenant la main de Lucile.

Ah! ma pauvre Lucile!

LUCILE.

Ah! mon pauvre Valère!

VALÈRE.

Décidément, l'absence est un temps de galère,
Séparés plus d'un siècle!

LUCILE.

Oui, trois ans au couvent!

VALÈRE.

Cinq chez un procureur!

LUCILE.

J'ai pleuré bien souvent!

VALÈRE.

Oh! que n'étais-je là, plante mal exposée
Pour bien te recevoir, admirable rosée!
Perdu dans une étude au fond du Vermandois,
Triste au point de compter les heures sur mes doigts,
Le gousset trop souvent veuf de toute pistole,
Et réduit à tomber de Cujas en Barthole
Comme on tombait jadis de Charybde en Scylla,
Si je n'avais pas eu contre ces soucis-là
Ces chers billets de vous,qu'on glissait dans mes nippes,
Car très-heureusement Toinette a des principes,
Billets en papier blanc tous métamorphosés,
J'effaçai l'écriture à force de baisers,
Tenez, je fusse mort à la fleur de mon âge.

LUCILE, tendrement.

Sans les vôtres aussi cachés sous mon corsage
Et qu'hélas,aujourd'hui vous ne reliriez plus,
Tant de mots sous les pleurs se trouvent disparus,
Je n'aurais su comment supporter l'existence.
Pour les péchés futurs j'ai bien fait pénitence.
Votre oncle, mon tuteur, me reprend aujourd'hui,
Nous voilà tous les deux rentrés auprès de lui.
Nos maux vont donc finir.

TOINETTE, à part.

Que le Ciel les entende!

VALÈRE.

Je veux, dès ce matin, lui faire ma demande.

TOINETTE.

Attendez, croyez-moi, le moment opportun.

VALÈRE.

Surprendre l'adversaire et vaincre, c'est tout un,
C'est là le premier soin de tout bon capitaine.

(Il regarde par la fenêtre.)

Bon! mon oncle est encor pris de sa turlutaine,
Un Molière à la main, au jardin qui fleurit
Il marche en parlant haut, il gesticule, il rit.
Je ne lui vis jamais aussi bonne figure
Et cette gaîté-là paraît de bon augure.
Il rentre, l'on dirait qu'il a peur du gros temps;
Il monte l'escalier, ferme, allons, je l'attends.

(Prenant les mains de Lucile qu'il couvre de baisers.)

Lucile, passez-moi deux ou trois chatteries,
J'en ai besoin pour bien dresser mes batteries.

SCÈNE III

LES MÊMES, ASCAGNE, qui entre sans voir personne, un livre à la main.

ASCAGNE.

Molière! quel génie, et de quel tour de main
Il sait vous mettre à nu ce pauvre cœur humain!

Dans la pensée il lit en lettres majuscules,
Son oreille entendrait pousser les ridicules.
Avec quel sifflement s'abat sur nos travers
Son mordant double fouet fait de prose et de vers,
Qu'il vous flagelle au vif sous vos vilains airs tendres,
Cassandres sans pudeur qui jouez les Clitandres,
Osant compter fleurette, aux portes du tombeau,
Comme si l'éteignoir voulait être flambeau !
Vous asseyant deux fois au festin de la vie,
Oubliant que pour vous la table est desservie
Et qu'on vous a donné le signal du départ,
Volant à la jeunesse et sa place et sa part,
Et qui, mieux inspirés, au lieu, devant les belles,
De plier gauchement vos deux genoux rebelles,
Devriez les offrir, sans jamais vous baisser,
A vos petits enfants pour les faire danser.
Cingle-t-il comme il faut, thésauriseurs avides,
Dont les coffres sont pleins, dont les cerveaux sont vides,
Affamant tout chez vous, enfants comme animaux,
Vous dérobez, la nuit, l'avoine à vos chevaux!
N'étant qu'envers l'argent d'humeur un peu civile,
Sordides chevaliers de la matière vile,
Vous sentez-vous meurtris, ô parvenus altiers,
Rêvant de parchemins ainsi que de quartiers,
Que l'aspect d'un blason fait tomber en faiblesse,
Frottant votre roture auprès de la noblesse,
Et laissant, châtiment de tant d'insanité,
Votre laine aux buissons de votre vanité !
Après avoir été saisis par un tel maître,
Décidément, messieurs, on ne peut reparaître.
Le monde doit changer, et je crois pressentir

A la ville, à la cour, un vaste repentir.
Les hommes craignant d'être aux brocards en pâture,
Vont contenter enfin leur mère la nature.
Riant de coups portés avec si belle humeur,
Castigat ridendo... l'iniquité se meurt!
Elle est morte!

Il s'assied dans un grand fauteuil et continue la lecture du volume.

VALÈRE.

Un discours si rassurant me touche,
Rien que de bon ne peut sortir de cette bouche:
Qu'il a l'air pénétré de tout ce qu'il a lu.
La justice vraiment vient de faire un élu.

LUCILE.

Ce tuteur-là n'est point façonné sur les autres.

TOINETTE.

Hélas! pauvres enfants, quels rêves sont les vôtres!

(Elle sort.)

VALÈRE.

Non, Ascagne n'est pas de ces vieillards gourmands
Qui se font un régal du malheur des amants.

LUCILE.

Son œillade d'abord me paraissait suspecte,
Mais je vois bien qu'il est de ceux que l'on respecte.

(Ascagne a terminé sa lecture et se lève.)

VALÈRE.

Il pose le signet. Allons, il faut oser,
Il vient de perdre ici le droit de refuser.

SCÈNE IV

VALÈRE, LUCILE, ASCAGNE.

VALÈRE.

Monsieur, avec quel art vous commentez Molière,
Ah! s'il vous entendait, son âme en serait fière!

ASCAGNE.

Il m'entendit jadis, c'est moi, le premier soir,
Quand je vins par hasard au parterre m'asseoir,
Qui criai, ranimant une salle engourdie:
Bien, Molière! Voilà la bonne comédie.

VALÈRE.

C'était vous?

ASCAGNE avec fierté.

C'était moi!

VALÈRE.

Qu'après un tel aveu
J'éprouve donc d'orgueil d'être votre neveu,
Que vous avez du goût, monsieur, en toutes choses.

ASCAGNE, se rengorgeant.

Aux débuts épineux je fais des lits de roses.

VALÈRE.

Votre admiration m'est donc un sûr garant
Que vous allez pour moi vous montrer bon parent.

ASCAGNE.

Morbleu! que signifie et que voulez-vous dire?
Dois-je apprendre de vous comme il faut se conduire,
Et ne fais-je donc pas bien tout ce que je fais?

VALÈRE.

Vous pouvez d'un seul mot doubler tous vos bienfaits.

ASCAGNE.

Parlez.

VALÈRE, hésitant.

Eh bien !...

ASCAGNE.

Parlez ! c'est donc si difficile ?

VALÈRE.

Eh bien ! depuis longtemps, monsieur, j'aime Lucile,
Elle, de son côté, me voit sans défaveur.
Sans elle l'existence est un fruit sans saveur.

ASCAGNE.

Quoi, Lucile ! mon bien!

VALÈRE.

Votre bien ?

ASCAGNE.

Une fille
Que par degrés j'élève à moi dans ma famille,
Lucile que j'attends depuis six ans entiers
Et dont je veux avoir de nombreux héritiers.

LUCILE à part.

Seigneur ! épargnez-moi cette injure mortelle.

ASCAGNE.

Pendard ! oses-tu bien lever les yeux sur elle ?

VALÈRE.

L'audace en vérité n'est pas de mon côté.

ASCAGNE.

Faire doublement fi de mon autorité !
O génération impie, abominable !

VALÈRE.

Mais quoi dans ce projet vous semble condamnable ?
Vous gourmandiez si fort les vieillards amoureux
Qui prétendent garder le bien d'autrui pour eux.

ASCAGNE, furieux.

Un vieillard ! Ah ! voilà choses extraordinaires.
Quoi me confondre avec ces valétudinaires
Qui n'ont plus que le souffle ! Ah ! coquin ! ah ! morveux !
Parce que le hasard a blanchi mes cheveux
En suis-je donc, morbleu ! moins neuf et moins robuste ?
C'est un plus large cœur qui bat là sous ce buste.
Apprends-donc, triple sot, qu'un vieillard comme moi
Vaudrait, haut la main, dix jeunes gens comme toi.

VALÈRE.

J'avais conçu l'espoir d'épouser sans chicane...

ASCAGNE, levant son bâton.

Maraud ! ce que tu vas épouser c'est ma canne.
Voyez-vous ce vilain qui sort on ne sait d'où...

LUCILE.

Le fils de votre frère !

VALÈRE.

Ah ! ça, deviens-je fou ?
Et vous qui plaisantiez le bourgeois gentilhomme,
Regardez-vous.

ASCAGNE.

Un mot de plus et je t'assomme.
Ah ! mauvais petit clerc tu fais le batailleur.

(Lubin entre apportant un papier.)

Quoi ! qu'est-ce, que veut-on ? Des notes de tailleur,
Je ne me trompe pas : trois cent cinquante livres!
A partir d'aujourd'hui, je te coupe les vivres.

VALÈRE.

C'est déjà fait ! vous qui daubiez les harpagons !

ASCAGNE, le frappant.

Cette fois c'en est trop et je sors de mes gonds.
Je te chasse d'ici.

LUCILE.

Le mettre dans la rue !

ASCAGNE, à Lucile.

Vous, restez, j'ai besoin d'avoir une entrevue.
Mais je m'en vais, avant de vous parler raison,
M'assurer que le drôle a quitté la maison.

(Il sort.)

SCÈNE V

LUCILE seule, puis VALÈRE.

LUCILE.

Le méchant homme, allez, qui fait le bon apôtre,
Parler d'une façon et puis agir de l'autre !
Valère ! il m'est ravi le jour qu'il m'est rendu.
Me faut-il donc mourir avant d'avoir vécu !

(Valère paraît.)

Vous ! mais vous nous perdez, Valère !

VALÈRE.

Pas encore.
Dans ma tête un projet consolant vient d'éclore :
En province, j'ai vu Molière, il me connait,
Certain jour qu'un danger pour lui se dessinait,
Que les méchants chevaux qui traînaient son carrosse,

Oubliaient, s'emportant, leur qualité de rosse,
D'un bond, je fus assez heureux pour les saisir.
Hier, il me revit, non sans quelque plaisir ;
Il voudrait bien savoir quel est le bon génie
Qui lui cria : Voilà la bonne comédie!
Il est notre voisin depuis un jour ou deux,
Si je pouvais piquer son désir curieux,
Tâcher de l'amener, voilà toute l'affaire,
A coup sûr, lui fera ce que je n'ai pu faire.
Il est un Dieu pour nous, ne l'oubliez jamais,
Ce Dieu qu'on ne voit pas, moi je vous le promets.
Calmez Ascagne.

(Il sort.)

SCÈNE VI

LUCILE, ASCAGNE.

ASCAGNE, entrant.

Aimer Valère !

LUCILE.

Je vous jure
Qu'en accusant mon cœur vous lui feriez injure.

ASCAGNE.

Je suis peu curieux, mais je voudrais bien voir
Comment vous vous pourrez laver d'un trait si noir.

LUCILE.

Excusez-moi, monsieur, j'ai si peu vu le monde,
Quand on sort du couvent c'est à tort qu'on nous gronde.
Je ne sais pas encor tout ce que vous valez,

Vos mérites plus tard, me seront révélés,
Attendez seulement.

ASCAGNE.

Me tromper pour Valère!

LUCILE.

Il s'est hâté sachant que vous pourriez me plaire.

ASCAGNE.

A la bonne heure, au moins, elle est fille de sens.
Mon Dieu! je ne suis pas de ces hommes pressants.

Lucile se met à pleurer.

D'ailleurs je ne veux pas, mon enfant, que tu pleures;
Donc pour te décider je te donne deux heures.
Rentre sans t'alarmer dans ton appartement,
Chez mon notaire, moi, je me rends promptement;
Lorsque je reviendrai tu diras : je vous aime,
Si tu ne veux rentrer au couvent le soir même.

SCÈNE VII

LUCILE *seule, puis* VALÈRE.

LUCILE.

Le plus affreux couvent serait un lieu chéri
Près de cette maison avec un tel mari.
Qu'on dit avec raison la vieillesse cruelle!
C'est donc toujours ainsi que finit la tutelle.
On défend à nos cœurs de librement s'ouvrir
Ainsi qu'on défendrait aux roses de fleurir,
Comme une double proie un noir destin nous guette.
Valère pourra-t-il d'un seul coup de baguette...

VALÈRE, arrivant tout essoufflé par la porte du milieu qu'il vient d'ouvrir.

C'est Molière, Lucile, il est devant l'hôtel,
Il cause avec un pauvre. Ah! quel homme du ciel!
Ne l'ayant pas trouvé, je laissai d'aventure
Un billet ; il a fait honneur à l'écriture.
Pour revenir, il faut au jaloux quelque temps,
L'avance est donc pour nous, profitons des instants.
Pendant que je parlais, Molière entrait, sans doute,
Allons faire avec lui le reste de la route.

(Il ouvre la porte à deux battants et se trouve devant Molière accompagné de Toinette.)

SCÈNE VIII

LUCILE, VALÈRE, MOLIÈRE.

MOLIÈRE.

C'est vous, je suis charmé d'un tel introducteur.

VALÈRE.

Près des désenchantés j'introduis l'enchanteur
Et veux lui présenter la pupille d'Ascagne.

MOLIÈRE.

Autant qu'à mes débuts l'émotion me gagne,
Mon premier partisan réside en ce logis.
Mais qu'est-ce, vous avez tous deux les yeux rougis ?

VALÈRE.

Vous nous voyez tous deux à vos pieds, ô Molière !

MOLIÈRE.

Vraiment, cette maison est trop hospitalière.
Parlez.

VALÈRE.

Lucile et moi nous aimons tendrement.

MOLIÈRE.

Peste, je voudrais voir qu'il en fût autrement.

VALÈRE.

Or, mon oncle, pour vous, d'un si noble feu brille,
Si vigoureusement avec vous il étrille
Les barbons galantins, avares, vaniteux,
Que nous ne pouvions pas le confondre avec eux.
Tous deux, nous écoutions, les oreilles ravies,
Les nobles compliments faits à vos comédies,
Nous reposant ainsi sur la foi des traités,
Contre tant de laideurs gardés par vos beautés.
Quel réveil ! quand après ces louanges exactes
Il s'agit de passer de la parole aux actes !
Il prétend être encore un mari de saison
Et vient de me chasser, en sus, de la maison
Nous menaçant tous deux d'un terrible notaire,
Le tout en répétant, expliquez ce mystère,
Castigat ridendo, plus qu'il n'en est besoin,
Mais lui cesse de rire et ne s'amende point.

MOLIÈRE.

Un tel étonnement, enfants, fait votre éloge,
Et j'aime la candeur qui dans vos âmes loge;
Pourtant, vous la laisser ce serait vous tromper,
Et c'est d'un bras ami que je dois vous frapper.

Nos succès sont au fond des revers : je soupçonne
Que le théâtre encor n'a corrigé personne
Et c'est par charité que l'on se fait cadeau
De ces deux mots menteurs : *Castigat ridendo.*

VALÈRE.

Ah ! vous avez, monsieur, la victoire oublieuse,
Car si le bel esprit et si la précieuse
N'osent plus se poser en modèles exquis,
Si l'on voit rabaissé le caquet des marquis,
Si la langue reprend sa franchise et ses aises,
A qui doit-on pourtant ces conquêtes françaises ?
Enfin, qui, déjouant de sinistres desseins,
Nous a, si ce n'est vous, guéri des médecins?

MOLIÈRE.

C'est que ce n'était là que défauts de passage,
Part du feu que l'on fait pour paraître plus sage,
Mais on ne quitte pas ces vices éternels
Qui nous tiennent au cœur par mille nœuds charnels.

VALÈRE.

Oui, mais lorsque l'auteur daigne par complaisance
Au poids de ses écrits ajouter sa présence,
Comment lui résister encor, quand à la fois
Vingt chefs-d'œuvre pourraient commander par sa voix ?
Sur mon oncle, un ermite en train de passer diable,
Vous possédez, monsieur, un crédit incroyable,
Votre buste en répond : il est là, couronné
D'un feuillage attentif qui n'est jamais fané.
Si comme un Dieu sortant du fond des tabernacles
Vous apparaissiez pour appuyer vos oracles,
Il faudrait bien pourtant, monsieur, nous marier.
Car on n'oserait pas vous ravir ce laurier.

MOLIÈRE.

A la personne, hélas, bien souvent l'on dénie
Les honneurs dont on est large pour l'effigie,
Et ce beau marbre-là qui fait le triomphant
Verrait l'original battu comme un enfant.

VALÈRE.

Oh ! si vous le vouliez, je sens là quelque chose
Qui nous assurerait du gain de notre cause,
Sur certains points un mot de vous vaut un édit.

MOLIÈRE.

Que puis-je là-dessus dire encor, j'ai tout dit.

LUCILE.

Monsieur, prenez pitié d'une double détresse
Si vous avez jamais aimé.

MOLIÈRE, à part.

Que trop ! traîtresse !

VALÈRE.

Quand mon oncle s'emporte, ah ! monsieur, aidez-moi
A votre tour.

MOLIÈRE.

Allons ! je m'étais fait la loi
De ne plus redresser que les torts des coulisses,
Mais obliger les gens contient tant de délices...
Comment tirer de là ce couple intéressant ?
Il est riche, dit-on, votre oncle ?

VALÈRE.

Un bien puissant,
Deux faubourgs sont à lui, voyez quelle fortune !
Premier quartier, second quartier, comme la lune.

MOLIÈRE, à part.

Il est bien un moyen, peut-être un peu hardi,
Auquel la conscience après tout applaudit,
On ne corrige pas les hommes de leurs vices,
Pas plus les endurcis que les simples novices.
Sans prétendre à l'honneur de les en corriger
Ne pourrait-on au moins les en faire changer?
Le grand chemin manquant, fait-on œuvre perverse
Pour retourner au bien de prendre la traverse?
Sans vouloir accepter cette fatalité :
Moraliser les gens par l'immoralité,
Si l'on faisait servir, mais à petite dose,
Tous les mauvais penchants à quelque bonne cause ?
J'ai l'équité pour moi, je défends en ce jour
Deux amis de vingt ans, la jeunesse et l'amour.

(On entend la voix d'Ascagne.)

Éloignez-vous tous deux, j'entends mon personnage.
Amoureux ! quelle horreur ! bah ! si j'avais son âge !

(Valère et Lucile sortent.)

SCÈNE IX

ASCAGNE, MOLIÈRE.

ASCAGNE.

Quel grand jour ! quel orgueil ! quoi Molière chez moi !
C'est comme si j'allais dîner avec le roi.
Je ne m'attendais pas à cet honneur insigne
Et de tant de faveur je me sens tout indigne.

MOLIÈRE.

Pardon, monsieur, c'est moi qui suis votre obligé.
Je risquais au début d'être découragé,
Une hésitation peut perdre une carrière,
Peut-être allais-je bien faire un pas en arrière,
Mais vous m'avez crié du parterre : en avant !
Et ce cri-là fut si sincère et si vivant
Qu'il entraîna jusqu'aux malveillants du spectacle,
Et qu'il me fit franchir le souverain obstacle.

ASCAGNE.

Quoi, vous avez appris ?...

MOLIÈRE.

Oui, je cherchais toujours
L'homme à qui je devais ce précieux secours.
Je rencontre à la fin ce mortel trop modeste,
C'est dire qu'avec lui je me déclare en reste
Et que je ne mettrai mes esprits en repos
Qu'en trouvant le pendant d'un si bel à-propos.

ASCAGNE.

Vous condescendriez, quittant les hautes sphères,
A m'entendre traiter mes petites affaires?

MOLIÈRE.

Serais-je ici, de vous faisant si peu de cas ?

ASCAGNE.

Je veux vous consulter sur des points délicats,
Mais c'est la vérité sans merci que j'affronte.
Soyez Alceste ! moi, je ne suis pas Oronte !
Pour l'hymen suis-je encore un passable sujet ?

MOLIÈRE.

Comment ! votre grand sens éclate en ce projet.

ASCAGNE.

Ainsi, sincèrement, monsieur, à votre compte,
Je puis, sans effrayer par l'aspect d'un Géronte...

MOLIÈRE, froidement.

Ni dans l'ensemble, ni, monsieur, dans le détail,
Vous ne pouvez passer pour un épouvantail.

ASCAGNE.

Celle que je voudrais pour femme est ma pupille.

MOLIÈRE.

Fort bien.

ASCAGNE.

Elle est charmante et s'appelle Lucile.

MOLIÈRE.

Je l'ai vue en montant.

ASCAGNE, avec empressement.

Comment la trouvez-vous?

MOLIÈRE.

Faut-il vous parler franc?

ASCAGNE.

N'épargnez pas les coups.

MOLIÈRE.

Eh bien! d'un tel dessein la sagesse murmure.

ASCAGNE.

Quoi, Lucile?...

MOLIÈRE.

Pour vous je la trouve un peu mûre.
Quel âge?

ASCAGNE.

Vingt-deux ans.

MOLIÈRE.

Moi, j'aurais dit vingt-six.

Elle vous a déjà de petits airs rassis.
Quel contraste avec vous et comment se résoudre...
Elle est un lac dormant et vous êtes la poudre.
Prenez garde, monsieur, de jouer fort gros jeu
En prétendant à l'eau faire épouser le feu.
Car vous poussez, ceci vous soit dit sans offense,
La juvénilité jusques à l'insolence.
D'un mouvement si vif vous montez l'escalier,
Vous arpentez le sol d'un air si cavalier,
Qu'on dirait que le temps à peine vous effleure!
Les horloges pour vous ont donc oublié l'heure?
Autour de cet hôtel, lorsque je suis passé,
Rôdait un grand garçon, lent, gauche, compassé,
Qu'on dit votre neveu, qu'on appelle Valère,
De ses collatéraux faut-il qu'on dégénère!
Près de ce caduc-là vous semblez si gaillard.
Le jeune homme c'est vous, Valère est le vieillard.
Et si j'étais, monsieur, un père de famille,
Qu'on vînt de votre part me demander ma fille,
Ma foi! je répondrais : plus tard! nous attendrons!
Ce qu'il vous faut c'est un de ces jeunes tendrons
Dont la sève réponde à votre ardeur native,
Dont la fraîcheur naissante est communicative,
Emplissant le logis de ris et de chansons,
Doux compagnons de lit, pétulants échansons,
Avecque la santé vous versant l'allégresse,
Empêchant qu'on ne soit morose ou qu'on n'engraisse.
De ces démons ensemble adorés et maudits,
Qui feraient préférer l'enfer au paradis,
On doit appareiller les natures alertes.
Sur un pommier si vert je veux des pommes vertes!

La vie est comparable au fruitier où l'on met,
Non pas le fruit qui tient, mais le fruit qui promet.
Outre que vous avez besoin que l'on maîtrise
L'impétuosité qui vous caractérise,
Dans dix ans vous serez plus jeune qu'en ce jour,
Et Lucile sera déjà sur le retour.
Tenez, que seulement cet hymen s'accomplisse,
Vous aurez, de vos mains, préparé le supplice.

ASCAGNE.

Selon vous, je pourrais gagner sept ou huit ans ?

MOLIÈRE.

Quand on décompte avec l'hiver et le printemps !

ASCAGNE, *tout rêveur.*

C'est que j'aime Lucile, elle est bonne, elle est belle.

MOLIÈRE.

e suis de votre avis et je la trouve telle.
Mais sa naissance au moins...

ASCAGNE.

Elle est née assez bien,
Quoique d'un rang pourtant inférieur au mien.

MOLIÈRE.

Tandis que vous pourriez à bien plus haut prétendre.
En prenant seulement la peine un peu d'attendre,
Grand air et, s'il le faut, grande hospitalité,
Vous pouvez approcher les gens de qualité.
Que de fois je reçus à la cour, à la ville
Force beaux compliments de votre humeur civile.

ASCAGNE.

Quoi, l'on me connaîtrait ?

MOLIÈRE.

On vous estime fort.

ASCAGNE.

Alors, les médisants du quartier ont donc tort,
Quand ils taxent parfois mon ordre d'avarice?

MOLIÈRE.

Avare! vous, monsieur! la criante injustice !
Rétablissons ici l'exacte vérité.
Vous avez trop souci de votre dignité,
Vous comprenez trop bien votre valeur réelle,
Pour faire les honneurs d'une maison si belle
A de petites gens, à de pauvres nigauds.
Qu'on vienne à vous donner un jour de vrais égaux,
On verra comme vous entendez l'opulence.
Car vous avez le goût de la magnificence.

ASCAGNE.

Certes, je l'ai.

MOLIERE.

Pour vous juger l'on se hâtait.
Vous en valez un autre, et si besoin était,
Vous sauriez bien jeter l'argent par les fenêtres.

ASCAGNE.

Ce méchant secret-là n'est pas qu'aux petits maîtres.

MOLIÈRE.

Eh bien! qui sait?... un jour... vous donnez au château
Quelques collations, quelques joûtes sur l'eau,
Et, vous poussant de belle en belle connaissance,
Presqu'insensiblement vous changez de naissance

Et vous vous réveillez, sans trop savoir pourquoi,
Par la grâce de Dieu, secrétaire du Roi.

ASCAGNE.

Secrétaire du Roi ?

MOLIÈRE.

Vous voilà gentilhomme,
Plus d'impôts !

ASCAGNE, répétant.

Plus d'impôts! économie en somme !

MOLIÈRE.

Monsieur, l'on ne sait pas toujours ce que l'on vaut.
Tenez, je lis ce soir un ouvrage nouveau
Et j'ai déjà chez moi fort noble compagnie.
C'est, pour vous présenter, occasion bénie.
Ces seigneurs-là, chez vous, vont être rassemblés,
Car je veux lire ici.

ASCAGNE, se confondant en remercîments.

Monsieur, vous me comblez !

MOLIÈRE.

Croyez-moi, débutez par un coup de théâtre.
Dotez votre neveu, non pas pour ce bellâtre,
Mais pour flatter un peu l'humaine vanité.
Que l'on dise : Il fait grand ! Ce vous sera compté.
Je vais et je reviens, à peine en tout deux pauses.
Suivez votre penchant à bien faire les choses.

SCÈNE X

ASCAGNE, puis TOINETTE.

ASCAGNE, criant.

Toinette passe-moi mon habit des grands jours!

TOINETTE accourant.

Monsieur n'y songe pas!

ASCAGNE.

Va donc, te dis-je, cours.
Reviens, nous attendons des visiteurs illustres
Toinette, et tu pourrais allumer deux des lustres.

TOINETTE.

C'est drôle, moi que rien ne ferait reculer
Je tremble, car jamais on ne les vit brûler.

(Elle sort et rentre aussitôt avec l'habit).

ASCAGNE, qui ne l'écoute pas.

Gentilhomme! eh bien! l'heure est-elle mal choisie?
Je crois avoir assez fait pour la bourgeoisie.
Pendant quatre cents ans, c'était leur bon plaisir,
Les miens dans leur roture ont bien voulu croupir;
Je puis bien aujourd'hui, fort d'un pareil suffrage,
Aborder d'autres eaux sans chance de naufrage.

(Toinette allume les lustres.)

Hors du théâtre encor le grand homme a du goût.
Non, Lucile n'est pas mon affaire du tout.
Il faut lorsque l'on veut faire nouvelle souche,

Ne point appréhender de raviver sa couche.
Et d'ailleurs, je me sens déjà dix ans de moins,
Ah ! Valère ! dans peu, pendard, je te rejoins.

(Toinette lui passe l'habit.)

Que suis-je ? un papillon brisant sa chrysalide,
Je fais peau neuve, ainsi, qu'on me trouve une ride !
Ah ! dans ce beau quartier l'on prétend tout du long
Que je souffrirais trop d'éclairer mon salon.
Je comprends maintenant le faste et ses orgies,
Va, Toinette, fais feu de toutes les bougies,
Que l'on prépare en bas une collation,
Je n'y regarde pas !

TOINETTE, levant les bras au ciel.

La révolution !

ASCAGNE (on entend des roulements de voitures).

Rira bien qui rira le dernier, doubles traîtres !
Un carrosse, deux, trois tout le monde aux fenêtres.
Voilà par le dépit maint visage allongé.
La cour qui vient chez moi, je suis déjà vengé.
O Molière ! je rends grâces à ton génie.

(à Toinette.)

Voyons, tout est-il prêt pour la cérémonie ?
Lucile, ma mignonne ?

LUCILE, entrant.

Il paraît radouci.

ASCAGNE.

Que l'on cherche Valère.

LUCILE.

Il est peut-être ici.

ASCAGNE.

Lucile, allons, plus vite, un peu plus de jeunesse,
Ce n'est pas une enfant, c'est une chanoinesse!

(Valère entre.)

Vous voilà, craignant un châtiment mérité,
Approchez, j'ai cessé d'être un oncle irrité.

SCÈNE XI

ASCAGNE, VALÈRE, LUCILE.

ASCAGNE.

Un autre a réparé, monsieur, vos torts étranges,
Et c'est à vos affronts que je dois ses louanges.
Où Molière a parlé tout doit être effacé,
L'avenir m'appartient, oublions le passé.
Vous ne direz donc plus, monsieur que je radote,
Je vous donne Lucile et de plus, je vous dote.

VALÈRE.

Ah! mon oncle!

LUCILE.

Ah! monsieur! quel tuteur généreux,
N'est-ce pas que c'est bon de faire des heureux
Comme on vous chérira!

ASCAGNE, avec hauteur.

C'est assez! il m'agrée
Qu'on laisse aux gens de peu la vaine simagrée.

SCÈNE XII

MOLIÈRE, entrant un rouleau à la main, entouré de comédiens déguisés en seigneurs de la cour. ASCAGNE, VALÈRE, LUCILE.

MOLIÈRE, bas à Ascagne, à qui il désigne quelques-uns des arrivants.
Tout mon monde, a voulu, monsieur, venir chez vous.
Versailles, de Paris pourrait être jaloux!
Le maréchal d'Uxelle, et le comte du Lude,
Les marquis de Souvré, de Jussac...

ASCAGNE, avec ravissement.
Quel prélude!

MOLIÈRE.
Le duc de Saint-Aignan, le duc de Villeroy,
Le duc...

ASCAGNE.
Encore un duc?

MOLIÈRE.
Vous vous plaignez, je croi?

ASCAGNE.
Non, mais ma joie avait besoin de prendre haleine,
Plût au ciel de vrais ducs que ma maison fut pleine.

MOLIÈRE.
Messieurs, c'est le seigneur Ascagne, j'ai parlé
Bien souvent avec vous de cet ami zélé.
Montrant Valère et Lucile.
Il marie aujourd'hui ces jeunes gens, j'estime
Que ce serait lui faire un honneur légitime

(Il a pris les devants pour n'être pas ingrat)
Que de vouloir signer avec nous au contrat.
En faveur de son cœur la dot est éloquente,
Quarante mille écus.

bas à Ascagne.

Enchérissez !

ASCAGNE.

Cinquante !

MOLIÈRE.

Voilà qui sent déjà l'homme de qualité,
Je crains même pour lui la prodigalité.
Il faudra qu'à ce mal un jour l'on remédie.

VALÈRE, à Molière.

Merci ! voilà pour nous la bonne comédie !
Vous qui doutiez de vous, en qui tous nous croyons,
Comme si le soleil doutait de ses rayons.
L'avais-je dit, monsieur, étais-je bien prophète ?
Cette cure jugée impossible, elle est faite.

MOLIÈRE, à Valère, pendant que les seigneurs se passent la plume pour signer un contrat et qu'Ascagne se confond en révérences.

Médecins de l'esprit et médecins du corps
Nous ne guérissons bien que les gens qui sont morts.
Mon succès ne vaut pas que je m'en glorifie :
Au malade j'ai fait changer de maladie.
Il n'était qu'amoureux, le voilà libertin.

Montrant Lucile.

Avec elle il avait la grâce en son matin,
Il lui faut la beauté plus matinale encore :
Ce crépuscule-là veut épouser l'aurore.
Les filles de quinze ans n'ont qu'à se bien tenir

à Lucile.

D'ailleurs, je vous vieillis pour mieux le rajeunir.
L'égoïsme ainsi l'a conduit au sacrifice,
Et du renoncement le désir fit l'office.
Vous lui teniez au cœur; de peur qu'il hésitât
J'ai comme vos attraits rabaissé votre état,
Et fait luire un projet d'alliance plus haute :
Il vous dédaigne un peu, ce mérite est ma faute.
Désormais la grandeur seule va l'émouvoir,
Les yeux de sa cassette ont perdu leur pouvoir.
J'ai, rendant par hasard le bien du mal complice,
Chargé la vanité de punir l'avarice.
Bref, vous êtes sauvés, mais votre oncle est perdu ;
Pour ce beau résultat quelque chose m'est dû,
Car c'est un fou de plus qu'en ce monde je lance,
Soyez un fou de moins, vous ferez la balance !

(La toile tombe.)

POISSY. — TYP. ET STÉR. S. LEJAY ET Cie.

EN VENTE CHEZ DENTU, ÉDITEUR

RÉPERTOIRE DU THÉATRE MODERNE

Adieu Paniers, comédie, 1 acte........ 1

Nos alliées, comédie, 3 actes............ 2

L'Alphabet de l'Amour, comédie 4 actes. 1

Les Amours d'Été, fol. v., 1 acte........ » 50

L'Amour qui dort, comédie, 1 acte..... 1

L'Auteur de la pièce, comédie, 1 acte.... 1

Un Avocat du beau Sexe, comédie. 1 acte 1

L'Avocat des Dames, comédie, 1 acte.... 1

Un bal d'Alsaciennes, mascarade, 1 acte. 1

Les Balayeuses, comédie 1 acte.......... 1

La Bergère de la rue Monthabor, c., 4 a. 2

Les bienfaits de Champavert, c. 1 acte... 1

Le Bigame sans le savoir v., 1 acte..... 1

Le Bouchon de Carafe, v., 1 acte......... 1

La Cagnotte, c.-v., 5 actes.............. 2

Les Calicots, vaudeville, 3 actes......... » 50

Les Campagnes de Boisfleury, v., 1 acte. 1

Célimare le Bien-aimé, comédie, 3 actes. 2

La Chanson de la Marguerite, v., 2 actes 1

La Chercheuse d'Esprit, op.-com. 2 a... 1

Cinq-cents francs de récompense, v., 1 a. 1

Cinq par jour, folie-vaudeville, 1 acte... 1

La Commode de Victorine, c.-v., 1 acte.... 1

La Comtesse Mimi, comédie, 3 actes..... 2

Les Contributions Indirectes, c.-v., 1 a. 1

Corneille à la butte St-Roch, c., 1 a. en v. 1

La Cornette Jaune, vaudeville, 1 acte.... 1

La Dame au petit chien, com.-vaud., 1 a. 1

La Dame du Lac, coméd.-vaud., 1 acte.. 1

Dans mes meubles, vaudeville, 1 acte.... 1

La Dernière grisette, vaudeville, 1 acte. 1

Le Dernier couplet, comédie, 1 acte..... 1

Deux Permissions de dix heures, op., 1 a. 1

Le Doyen de Saint-Patrick, drame, 5 a.. 2

Eh! Allez donc, Turlurette, revue, 3 actes. 1 50

En Ballon, rev. en 3 actes et 14 tableaux. » 50

La Fanfare de St-Cloud, opérette, 1 acte. 1

La Femme coupable, drame, 5 actes..... 2

Une Femme dégelée, vaudeville, 1 acte.... 1

Une Femme qui bat son gendre, c.-v., 1 a. 1

Les Femmes sérieuses, com.-vaud., 3 a... 2

Une Femme, un Melon et un Horloger, v. 1 a. 1 »

La Fiancée du Roi de Garbe, op.-c., 3 a.. 1

La Fiancée aux millions, c., 3 a., en vers. 1 50

Les Ficelles de Montempoivre, v. 3 a..... 2 »

La Fille bien gardée, com.-vaud., 1 acte.. 1

La Fille de Molière, coméd., 1 a., en vers. 1

Les Filles mal gardées, comédie, 3 actes. 2

Le Fils aux deux Mères, drame 5 actes.. » 50

Les Finesses de Bouchavanne, com., 1 a... 1

La Fleur du Val-Suzon, op.-com., 1 acte. 1

Les Gammes d'Oscar, folie-vaud., 1 acte. 1

L'Héritier du Mari, c. mêlée de coupl., 1 a. 1

Un Habit par la fenêtre, vaudeville, 1 a. 1

Un Homme de Bronze, com.-vaud., 1 a. 1

L'Homme de Rien, comédie, 4 actes..... 2

L'Homme du Sud, à propos burlesque mêlé de couplets.................... 1

L'Homme entre deux âges, opérette, 1 a. 1

L'Homme qui manque le Coche, c.-v., 3 a. 2

Les Illusions de l'Amour, c., 1 a., en vers. 1

Jérôme Pointu, opérette, 1 acte......... 1

La Jeunesse du roi Henri, 5 actes et 7 t. » 50

La Jeunesse de Piron, comédie, 1 acte.. 1

J'veux ma Femme, vaudeville, 1 acte... 1

Joli-Jobard, pièce, 5 actes............. » 50

Le Joueur de Flûte, vaudeville romain... 1

Un Jour de Première, com.-vaud., 1 acte. 1

Lâchez tout! revue, 3 a. et 15 tableaux.. » 50

Léonard, drame, 5 actes et 7 tableaux.. » 50

La Loge d'Opéra, comédie, 1 acte........ 1

Macbeth (de Shakspeare), dr., 5 a. en vers. 2

La Maison Rouge, coméd.-vaud., 1 acte. 1

La Malle de Lise, sc. de la vie de garçon. 1

M'amé Maclou, folie mêlée de chants... 1

Un Mari qui lance sa Femme, com., 3 a. 2

Le Mariage de Vadé, com., 3 a., en vers. 2

Les Médecins, pièce en 5 actes........... 2

Le Médecin volant, farce précédée de *Molière à Pézenas*, prologue. 1 acte....... 1

Les Médiums de Gonesse, folie, 1 acte.... 1

Même Maison, vaudeville, 1 acte........ 1

Les Mémoires d'une Femme de chambre, vaudeville, 2 actes.................... 1

Les Mémoires de Réséda, souv. contemp. 1

Le Minotaure, comédie, 1 acte.......... 1

Misanthropie et Repentir, drame, 4 actes. 1 50

Moi, comédie, 3 actes.................... 2

Mon-joie fait peur, parodie de famille, 1 a. 1

Un Monsieur qui a perdu son mot, c.-v., 1 a. 1

Monsieur Boude, sc. de la vie conjug., 1 a. 1

Monsieur de la Raclée, sc. de la vie bourg. 1

Les Mousquetaires du Carnaval, f.-v., 3 a. 1 50

Une Niche de l'Amour, com.-vaud., 1 a.. 1

Les Orphéonistes en Voyage, p., 5 a. 10 t. » 50

L'Orphéon de Fouilly-les-Oies, f.-m., 1 a. 1

Les Ondines au Champagne, f.-aquat. 1 a. 1

Les Pantins éternels, p. en 3 a. et 6 tabl. 1 50

Le Paradis trouvé, coméd., 1 a., en vers. 1

Pataud, vaudeville, 1 acte............... 1

Permettez, Madame! comédie, 1 acte.... 1

Les Perruques, par.-rev.. 2 a. et 3 tabl... 1

Nos Petites faiblesses, comédie, 2 actes... 1

Le Petit de la rue du Ponceau, com. 2, a.. 1

Les Petits oiseaux, comédie, 3 actes...... 2

Le Piff'raro, comédie-vaudeville, 1 acte.. 1

Le Pilotin du Grand Trois-Ponts, op.-c. 1 a. 1

Les Plantes parasites ou la Vie en Famille, comédie, 4 actes........................ 2

Une Pluie de Bouquets, vaudeville, 1 acte. 1

Le Premier pas, comédie, 1 acte......... 1

Premier prix de Piano, coméd.-vaud., 1 a. 1

Les Projets de ma Tante, coméd., 1 acte. 1

Le Propriétaire à la porte, vaudev., 1 a. 1

Prudence est Sûreté, proverbe, 1 acte.... 1

Que c'est comme un Bouquet de Fleurs, revue, 3 actes et 12 tableaux........... » 50

Les Relais, comédie, 4 actes............. 2

Le Rêve, opéra-comique 1 acte........... 1

La Revue au Cinquième étage, à prop., 3 t. 1

Le Roi des Mines, opéra, 3 actes et 4 tabl 1

Les Scrupules de Jolivet, vaud., 1 acte.. 1

Le Secret du Grand-Albert, com., 2 actes 1

Une Semaine à Londres, Voyage d'agrément et de luxe, folie-vaud., 3 a., 12 t. 1 50

La Servante maîtresse, op.-com., 2 actes. 1

Le Sommeil de l'Innocence, c.-vaud., 1 a. 1

Sous Cloche, vaudeville, 1 acte........... 1

Les Supplices des Femmes, r.-fant., 3 a, 6 t. 1

Sous les Toits, vaudeville, 1 acte......... 1

La Tante Honorine ou les Espérances, comédie, 3 actes......................... 2

Un Ténor pour tout faire! opérette, 1 a. 1

Les Trente-Sept Sous de M. Montaudoin, comédie-vaudeville, 1 acte............ 1

La Tribu des Rousses, vaudeville, 1 acte. 1

Les Truffes, comédie, 4 actes............ 1

La Veillée Allemande, drame, 1 acte..... » 60

La Vieillesse de Brididi, vaudev., 1 acte. 1

Les Virtuoses du Pavé, bouff. music., 1 a. » 60

La Volonté, comédie en vers, 4 actes. .. 2

Le Vrai Courage, comédie, 2 actes...... 1

Le Zouave de la Garde, drame, 5 a. et 7 t. » 50

Le Voyage en Chine, op.-com., 3 actes... 1

Poissy. — Typ. S. Lejay ..

www.ingramcontent.com/pod-product-compliance
Ingram Content Group UK Ltd.
Pitfield, Milton Keynes, MK11 3LW, UK
UKHW021029260726
13994UKWH00005B/2034